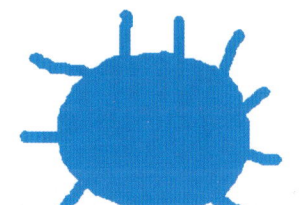

CW01494694

SIBERIE M'ETAIT CONTÉEE

MANU CHAO - WOŻNIAK

mise en pagio

MANWOZ

Paris découvre
Ses merveilles
Quand le soleil
s'éveille enfin
...Et puis soudain...
Il refait gris
Paris la belle
qui s'est enfuie

PARIS LA BELLE

Paris découvre
Ses merveilles
Quand le soleil
s'éveille enfin
...Et puis soudain...
Il refait gris
Paris la belle
qui s'est enfuie
Paris ressort
...son parapluie...
...

allonz enfants...

...du Paradis...

DERNIER TRAIN

POUR PONTOISE...

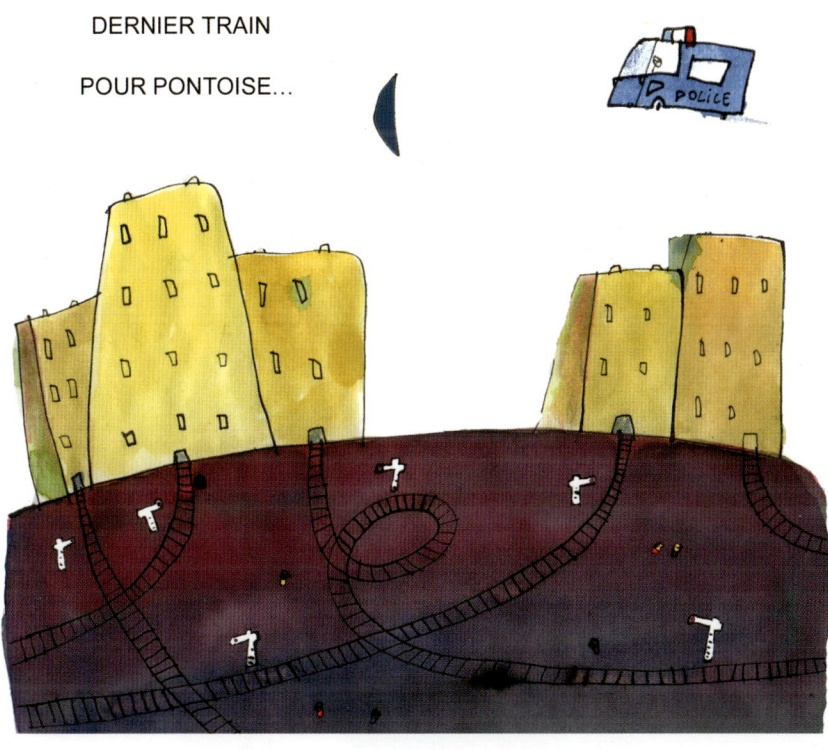

J'AI FAIM...

Sous la lumière
de l'étoile polaire
je m'astique les molaires
d'une côte de bœuf
imaginaire.
J'ai faim.
Je crie famine.
Je mange une étoile.
...je garde les autres
pour demain.

Comme un petit train
Petit train de banlieue
L'un après l'autre
A qui mieux mieux...
Comme un petit train
Petit train de banlieue
L'un après l'autre
on rentre en gare
Tous à la queue
La queue leu leu...

...SEVRES PLAGE...
198?
...A grand Jojo et petit Jojo, à Marco Le soleu, à Sophie
à Pierrot la chance, Ferroudj et Christian Benard.
A Fredo Ierhm

jours après jours

sans faire d'histoires

L'un après l'autre

A qui mieux mieux...

jours après jours

qu'on devient vieux...

...pour un trop tard...

...toujours trop tôt...

...qui rentre en gare...

Petit train de banlieue

Comme un petit train

PETITE BLONDE DU BOULEVARD BRUNE

Boulevard Brune
il est minuit.
Elle était blonde
Et si jolie…
Comme si la brume
s'était posée
sur mon regard,
sous les pleins phares,
de la police….
Quel est ton nom ?
Je ne sais pas !
Où est ce que tu vas?
Je ne sais plus !
Comment tu t'appelles
Qu'est ce que t'as
dans les poches?

Petite blonde
du Boulevard Brune…
je t'allume……
Et je te fume..
Au coin du square….
Ma jolie brune
du boulevard Blonde…
…il est minuit…
…tu ne dis rien…

Sous les pleins phares,
Le long du car
de la police.
Petit mégot
sous ma semelle

…il est minuit…
Où vas tu?
Que fais tu?

Qu'est ce que t'as dans les poches?

…Vous pouvez circuler….

PETITE BLONDE DU BOULEVARD BRUNE   PETITE BLONDE DU BOULEVARD BRUNE   →

Je te vois dans le métro
Je te bois dans mon café
Je te brûle dans mon tabac
Je te mange avec mes yeux
Je t'imagine sous la douche
Je nous vois dans un grand bain.

Quand je te vois
je me sens mieux.
Quand tu t'en vas
je me sens vieux.

…

Il est dix heures
et les enfants jouent dans la cour
sur les gravats de notre amour

Je te vois dans le métro
(entre Barbès et Clichy)
je te parle dans un taxi
Je te souris à la vie.

MENILMONTANT

Rue des cendriers
Passage monplaisir
Princes kabyles et
Jolie maman.

Rue des cendriers
Ecole des soupirs
Princes jaloux
De qui est l'enfant ?

DU PARADIS...

ALLONS ENFANTS...   Mercedes à vendre chez Jony... ZDAGZDAG....

Rue des Amandiers
  Ecole de la rue…
    Petit prince
      deviendra grand….

Petit prince …

  de Ménilmontant…

Boulevard Belleville...

Je hais les cons.
Je hais la connerie.
Je hais les cons....je plains leurs amis

LE CHIEN

Juste un chien.
Juste un bon chien
qui sent la mort.
Boulevard Belleville
son maître le frappe
de tout son cœur.
Il est en rage
Il en rajoute
Il se défoule
 en a besoin.
....ce n'est qu'un chien
...qu'un pauvre chien
qui sent la mort.
..qui ne dit rien...
 ...ses yeux ont peur
.. . il se laisse faire...
 ....

C'est l'hiver...

Pépère Lachaise
Madame Satan.
L'sang va couler
dans le caniveau.
Pépère Lachaise
Madame cageot
femme de Roger
qui avait treize chiens
Un chien est mort
L'autre s'est pendu...
Y a plus d'amour
dans les foyers
l'sang va couler,

dans le caniveau...

J'aime bien me promener Pépère Lachaise....

PEPERE LACHAISE....

... (mais pas trop longtemps) ....

Les Abbesses...
...777...

IL FAIT SI FROID DEHORS

...SOUS LA LUMIERE...

LA VILLE DORT...

...DE   L'ETOILE POLAIRE....

LA VIE EST BELLE

LE MONDE POURRI

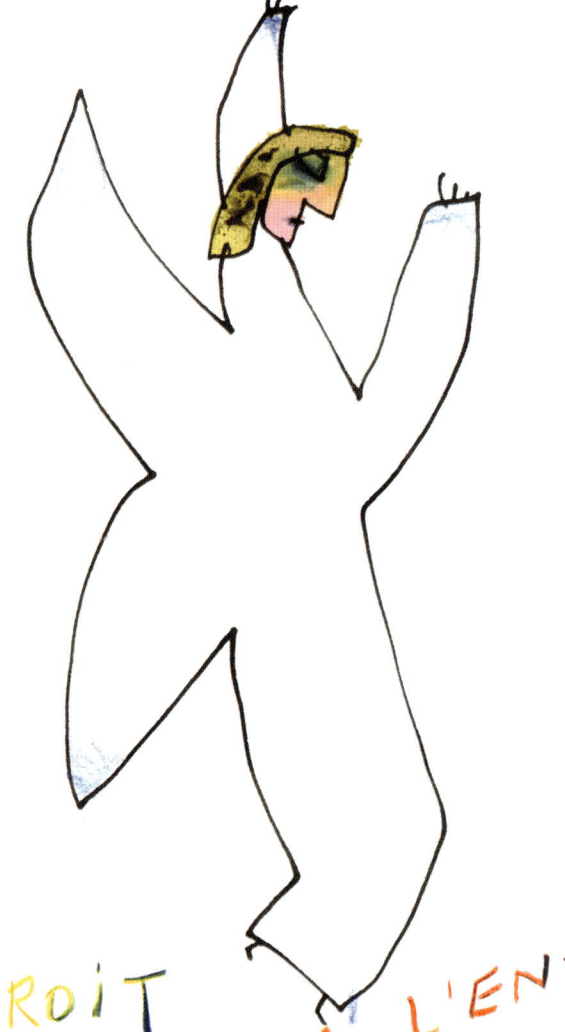

A L'ENDROIT COMME A L'ENVERS

C'est l'histoire d'un jeune homme
qui pour ses 35 ans, fut atteint
d'une bien cruelle maladie.
Il y voyait trop bien...
Il y voyait trop clair...
et cela le faisait souffrir...
car plus rien ne le faisait rire.
Il regardait le monde
… Il le sentait
        s'enfuir...
        Il pensait au futur…
qui le lui rendait bien!
Tous les deux perdus...
...sur le fil du néant...
...d'un rasoir incertain...
Perdus dans un siècle...
...sans plus de lendemains....

Il sentait les pourquoi
Il savait les comment.
Il voyait les débuts
de tous les aboutissants,
Il le disait souvent :

LE JEU EST CLAIR .

du Paradis...

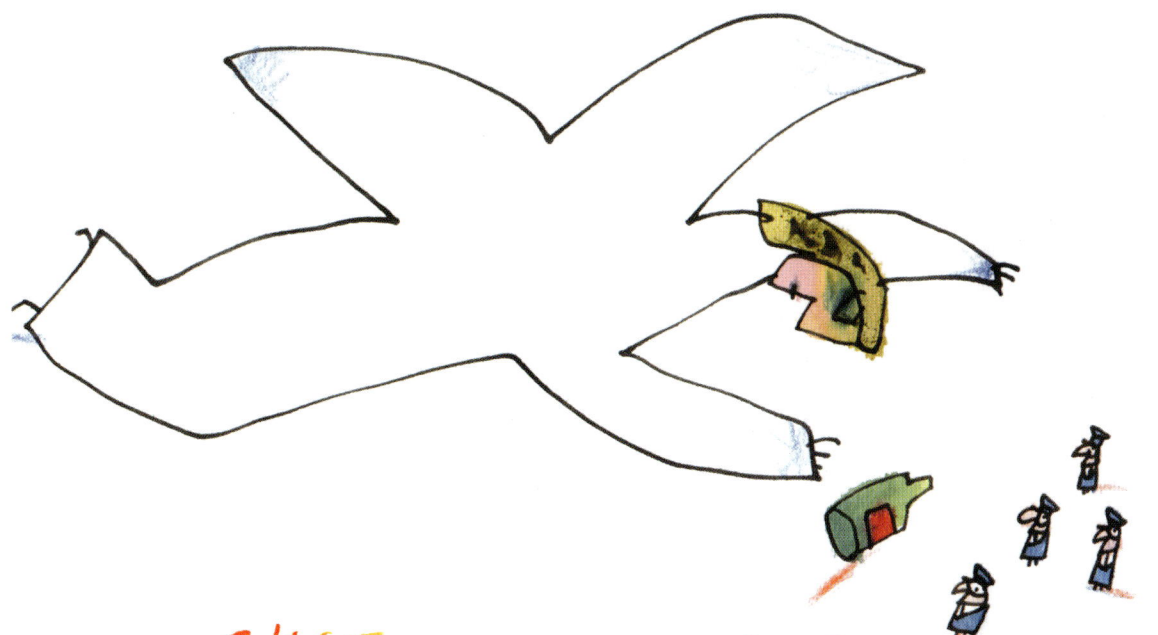

« Le jeu est clair !
Tout est relatif !
...à l'endroit comme à l'envers...
C'est un paradis d'enfer !

A l'endroit comme à l'enfer,
au paradis ma mère,
au paradis mon père,
au paradis mes frères
au paradis mes sœurs
au paradis le chien
les amis, les cousins
au paradis tout le monde.
au paradis sans rien
Une bien jolie galère..
La plus belle des misères,
à l'endroit comme à l'envers…
le jeu est clair ;
c'est un paradis d'enfer !

… … C'EST UN PARADIS… … … D'ENFER

iL EST MiDi à TOKYO iL EST MiNUiT à PARiS
? QUELLE HEURE EST-iL AU PARADiS ?

Manureva
juste un jour pluvieux
Manureva
juste un jour plus vieux
Manureva
d'un bonheur certain
Manureva
enfin

Manureva
si fort
qu'il s'y brûla les ailes..
Manureva
le feu
Manureva
demain.

QUi VA SAUVER
MADAME OSCAR?

MANUREVA

QUI VA SAUVER MADAME OSCAR ?

MADAME OSCAR EST EN RETARD
IL est DEJA 7h MOINS QUART
AUJOURD'HUI C'EST LA GRèVE DES CARS...
TROP TARD POUR son FEUILLETON DU SOIR
MADAME OSCAR EST EN PETARD...
Elle S'ASSOIT SUR LE BORD DU TROTTOIR...
..QUAND SOUDAIN DU COIN du BOULEVARD...
...SURGIT UN BIEN MECHANT CAFARD...
... et SOUDAIN LUI PLANTE dans LE DOS...
...QUATRE CENT VINGT ET UN COUPS DE COUTEAUX...

... ON LIRA DEMAIN DANS LES JOURNAUX...
...QU'UNE POVRE VIEILLE est MORTE de CHAGRIN...
...SUR LE BOULEVARD, TRES TARD LE SOIR...
...ET QU'ON RECHERCHE TOUJOURS L'ASSASSIN...

LA VALSE
A SALE TEMPS

C'est la vie, c'est la vie,
C'est la vie d'aujourd'hui,
C'est la Valse à sale temps,
Qui vous lâche qui vous prend.

C'est la vie, c'est la vie,
Qui dit non, qui dit oui,
C'est la Valse à sale temps,
Reine des emmerdements.

C'est la vie, c'est la vie,
C'est la vie d'aujourd'hui,
C'est la Valse à sale Temps,
Des enfants du Paradis…

C'est la vie, c'est la vie,
C'est la vie d'aujourd'hui,
C'est la valse à Sale Temps,
Que danse madame Satan.

CHANSON DE LA GUERRE DE 14
   publiée dans un livre
de Blaise Cendrars : LA MAIN COUPEE.

C'est l'histoire d'un pôvre homme

Dans sa pôvre maison

Baisant sa pôvre femme

De bien pôvre façon

Dessus son pôvre lit

Avec son pôvre outil

Lui fit un pôvre enfant

Qui vécut pôvrement.

C'est l'histoire d'une fille
Amoureuse d'un garçon
Il s'appelait Cerise
Elle s'appelait GASTON.

OU SONT TOUS MES AMIS,
   TOUS CEUX QUE J'AIMAIS TANT ?
      C'est la VALSE A SALE TEMPS

LA......REINE......DES......EMMERDEMENTS.......

...MADAME SATAN...

LA......REINE......DES......EMMERDEMENTS......

l'étoile polaire

PLUS UN BRUIT... .
C'EST LA RONDE DE NUIT.....

Au cœur de la ville endormie
reposent DES MILLIONS DE GENS SOUMIS.
Personne d'autre pour hurler la nuit
que l'vieux clochard
d'sous le pont Marie.

J'ai besoin de la lune
pour lui parler la nuit.
J'ai besoin du soleil
pour me chauffer la vie.
J'ai besoin de la mer
pour regarder au loin.
J'ai tant besoin de toi
tout à côté de moi.

J'ai besoin de la lune
Tout à côté de moi.
J'ai besoin du soleil
Pour voir venir le jour
J'ai besoin de la mort
Pour rire à mon destin
J'ai tant besoin de toi
pour me sauver la vie ...

j'ai besoin de mon père
pour savoir d'où je viens,
j'ai besoin de ma mère
pour montrer le chemin.
J'ai besoin du métro
pour aller voir St Pierre
Tant besoin d'une pierre
pour hurler ma colère

J'ai besoin de la terre
pour connaître l'enfer
tant besoin d'oublier
tant besoin de prières.
J'ai besoin d'un endroit
pour me mettre à l'envers
tant besoin d'un p'tit coin
pour pisser le matin

J'AI BESOIN DE
LA LUNE

...LA BELLE VIE...

LES CHIENS ONT soif
...LES PIGEONS VOLENT...
...LA MARE EST PLEINE...
...DES CHIFFRES D'OR...
...IL PLEUT DES LARMES...
...DE CROCODILE..
...LA VIE EST BELLE...
...LE MONDE POURRI
...LES CHIENS ONT SOIF...
...LES PIGEONS VOLENT...

J'ai besoin de la lune
Pour lui parler la nuit
J'ai besoin du soleil
Pour me chauffer la vie
J'ai besoin de la mer
pour regarder au loin
J'ai tant besoin de toi
tout à côté de moi....

PARIS,

MOIS D'AOUT...

Il fait si chaud

...PEPERE LACHAISE...
PAS A LA FETE.
PEPERE LA PECHE
NE DIT PLUS RIEN.
CASSEE LA PIPE.
ASSIS PAR TERRE.
TAILLEUR DE PIERRE.
...ÇA SENT LE SAPIN...

IL FAIT si CHAUD

AU FEU, AU FEU, LES POMPIERS !

Entre chiens et loups
quand tombe la nuit
Entre chiens et loups
quand tombe la nuit

Y a la shkoumoun qui ronge les murs
et y a l'cafard qui traîne l'évier.
Les mégots qui s'prélassent dans le lit
après avoir bouffé le tapis.
Teint vert ferraille, mine vert de gris
plus rien ici qui m'fasse envie.
Reste une canette
sous l'oreiller...stop...
Ma vie est un...
...vrai conte de fées....
...stop;;;

**Paris qui brûle
dans l'incendie.**

PORTE DE PANTIN

...3h du matin...

Ça va pas...
...la vie qui se fâne...
..mal de crâne...   J'dégueule tout   ... avec sa canne...
...plomb dans le foie...   sur mes tatannes...
                          ...Johnny Walker en tête...   ...ses bottes...
                                                              ...et son ...

chapeau.

BAR "LA TEMPÊTE"

Les couteaux sont rangés...

...y a pas de sot métier...

Paul CARBONE est tombé du train
en se tenant le ventre à deux mains.
C'était en 1943, que l'aventure se termina
pour Paul Carbone dit Ventura
et plutôt mal, comme il se doit
pour un truand sans foi ni loi.

Entre chiens et loups
quand tombe la nuit
Entre chiens et loups
quand tombe la nuit

Et c'est au Rat Mort à Pigalle,
un claque à filles de mauvaise vie
que Stefani blessa par balle
Angelo le mafioso.

C'est bien au cimetière de Clichy
qu'Angelo retrouva Stefani
qui sans se méfier se laissait aller
à fleurir la tombe d'un ami,
mort il y a six mois déjà
d'une méchante petite balle............ dans le foie.

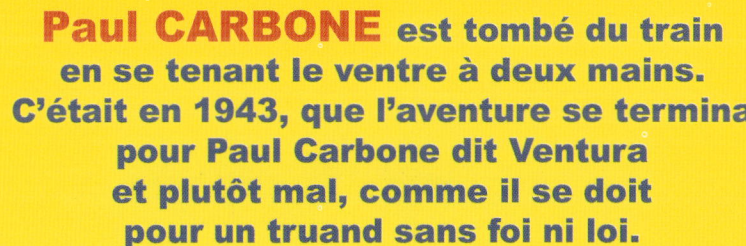

BAR "LA TEMPÊTE"

Le coup de barre est passé..

Les couteaux sont rangés...

...Il n'y a pas de sot

Y avait Mouton Blanc
Y avait Le Frisé
Y avait
le Rouge Gorge
Y avait
Vend la Mèche
Y avait
les bravos
Y avait
les huées
et puis y avait
Chloé
Belle à en pleurer
qui nous servait des cafés
au goût de pomme
et de fumées...

métier...

Bar LA TEMPÊTE
La chaloupe est pleine
la vie qui chavire.
Les amis sont là.
Les amis sont pleins.
Les ennuis sont loin...

Ma gueule de bois
me ramène chez moi
j'ai dû boire
un peu trop de canons,
j'ai dû prendre
un peu trop de gnons,
ma gueule de bois
me ramène chez moi.
Elle s'est battue
bien plus que moi,
quand je bois un verre,
elle en descend trois,
ma gueule de bois
me ramène chez moi,
Johnny Walker en tête
avec sa canne
ses bottes
et son chapeau..

Popol Carbone
(vieux collabo)

A boire!
Ou je tue le chien!

Boulevard Mortier
Bar le Mortier
Boucherie Ferber
Bar la Lorraine
L'sang va couler
dans l'caniveau.

Madame Rouquine
déploie ses ailes
sous la pluie fine
l'automne
est làs.

tout est allé si vite...
on en est déjà làs...

Feuilles blanches
feuilles mortes
se ramassent
à l'appel…

DANS L'AIR QUI PIQUE

L'AUTOMNE EST LÀS

Les feuilles sont jaunes
Les hommes sont verts
La tête est noire
Le cœur est rouge.
Madame Rouquine
déploie ses ailes
sous la pluie fine
l'automne est là.

LE ZOUAVE DU PONT DE L'ALMA.
Sur la rivière de jarra
Ne reverra jamais la Casbah…

Des poissons dans les yeux,
La boue sur les galoches
Les pieds dans l'eau
des requins blancs…

Quand les phares
Des bateaux mouches
Mettent à jour
Cet homme farouche…

Des poissons
dans les yeux
La boue sur les galoches
Les yeux fixés sur Morhnia
Il voit ses fils
dans la meka….

Le zouave du pont de l'Alma
Sur la rivière de Jarra
Ne sait plus trop ce qu'il fait là.

Le zouave du pont de l'Alma
Sur la rivière de jarra
n'aura   jamais plus
chaud ni froid.
Le zouave du pont de l'Alma
Sur la rivière de jarra
Ne reverra jamais la casbah.

LA NUIT DU DESTIN

La pipe au miel
est un délice
petit caprice
inoubliable

bien appréciable

à consommer
sur un divan
très tard le soir

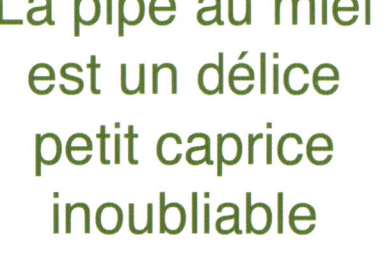

Y A PLUS
D'AMOUR
DANS
LES
FOYERS

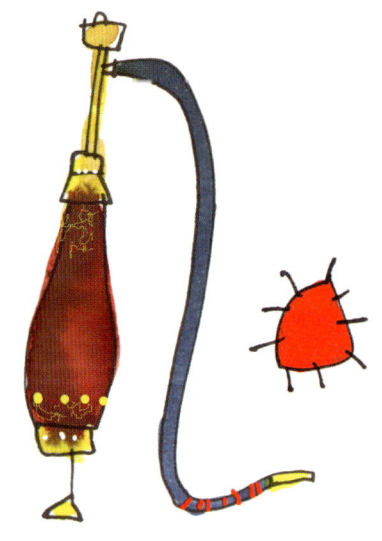

Babel ouvre
ses portes
Les diables sont aux anges

...un dimanche noir...

tous les gars de Ménil contents

des jolies filles

ZDAG

qui montent

les voir

bien appréciable

ZDAG

Rue des pyrénées
juste un bol d'air.
Et on redescend,
les cigarettes, le café noir...
...sur le boulevard...
....du dimanche soir...

Petite pluie
se réfugie
dans mes chaussettes.
Petite pluie fine
au fond des os.
L'hiver est là,
qui montre les crocs.

Les longs hivers.

16 Rue du Repos.

Le choc des photos...
le poids des années...
les amours délaissées...
...les ratés
...les rancœurs...
...tous les vœux de malheurs...LE POIDS DU PASSé....est un long fleuve stérile.....

...LE POIDS DU PASSé.....LE POIDS DU PASSé.......LE POIDS DU PASSé.....LE POIDS DU PASSé.......

LE POIDS DU PASSé......EST

un long cap..

à

savoir

dépasser.

Le poids du passé
les amours délaissées
...les ratés
...les rancœurs....
...tous les vœux ...
...du malheur....
Le poids du passé
est un long fleuve
....stérile....

...LE POIDS DU PASSé.....LE POIDS DU PASSé......LE POIDS DU PASSé.....LE POIDS DU PASSé.........

...LE VOYAGEUR...

JE M'EN VAIS…

Ce soir je m'en vais.
Ce soir, je m'arrache le coeur
Peut être un jour je reviendrais...
j'entends toujours ton rire au loin....

Tu voulais rentrer à Denfer
Moi, j'voulais rester boire un verre.
Notre amour est mort cette nuit
sous l'abri bus d'l'avenue de Clichy...

...IL FAUT BOIRE POUR LE CROIRE...!!!

Mémère Lachaise
dans les orties.
Mémère Lachaise
a des ennuis.
Pépère Lachaise
n'est pas rentré.
Il est tombé
dans l'escalier...
Elle est descendue le chercher
mais elle peut plus le relever.
Tous les voisins
sont couchés.
Qui font semblant
de dormir.

LE SOLEIL D'OR

Loin de gare du Nord,
Le soleil dort
petit néon.
Dors sous les ponts
petit Lucien
Le soleil d'or
viendra demain.

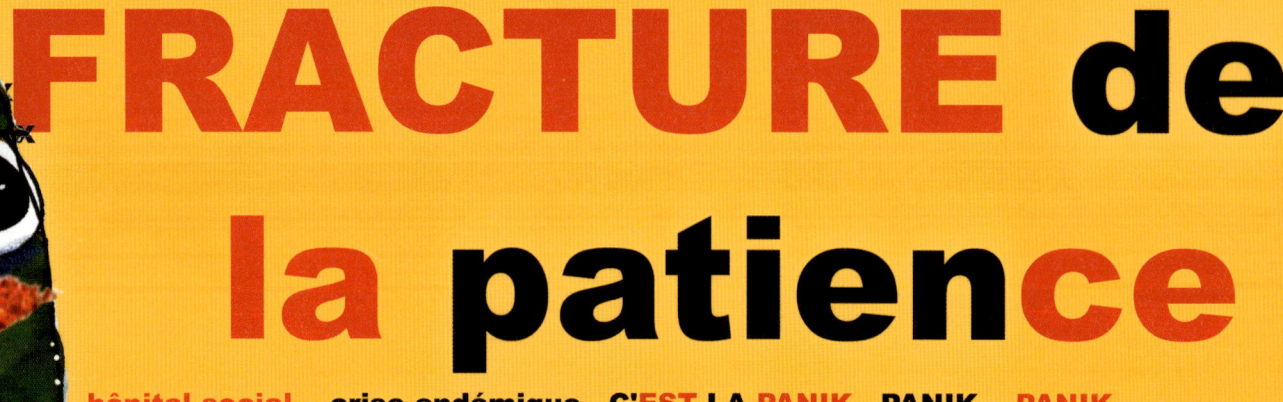

ENTRE LE MARTEAU
ET L'ENCLUME

LES
NOUVEAUX
MUTANTS

Un walkman pour deux
La fumée dans les yeux
Le cul sur le trottoir
La tête dans les néons..

Un petit joint pour deux
Les yeux dans les yeux
au beau milieu
de rien..
...
    sur
le fil
du néant
   Ici mieux qu'en face,
    sur l'aire du Mobil
    notre seule
   TERRE D'ASILE

BANLIEUE ROUGE

Au jour le jour
à feu et à sang
trop de sentiments...

la môme qui piaffe

Au Petit Bonheur
la chance
Au Petit Bonheur
méchant
C'est la valse
à sale temps,
la victoire
en chantant:
Au Petit Bonheur
misère
tout autour de la terre,
Au Petit Bonheur
violent
les hommes se font
la guerre
Au petit Bonheur
navrant

Petit bonheur

tuant...

La GUERRE

...souviens

toi que naguère.... Soudain s'en vint

Elle arrive des faubourgs
Elle démarre à 7h
La valse du marteau piqueur
sur la tôle c'est pas drôle
sur les pieds c'est l'enfer
la valse de l'aplatisseur

elle s'arrête un instant
pour la pause à dix heures
les oreilles en choux fleur
La valse du marteau piqueur

Dès 7 heures du matin
Elle défonce le terrain
elle fait hurler les chiens
C'est la valse du marteau piqueur
la valse des frères Lasueur…
…y a pas d'erreur…

C'est la valse du marteau piqueur …
la chanson dur dur labeur
c'est la valse des frères Lasueur…
que l'on subit tous en cœur…X4

C'est pas pour les rêveurs
Ni pour les poètes
Ni pour les gaufrettes…

On l'entend du Sébasto
jusqu'à Rambuteau

C'est la valse du marteau piqueur …
la chanson dur dur labeur
c'est la valse des frères Lasueur…
que l'on reprend tous en cœur…X4

BORN TO LOOSE
MARTEAU PIQUEUR BLUES…
BORN TO LOOSE
MARTEAU PIQUEUR BLUES…
BORN TO LOOSE
MARTEAU PIQUEUR BLUES

LES NOUVEAUX MUTANTS

Dans
la gueule
du requin blanc
Sous la lumière
de l'étoile polaire
Aux mille soleils
pour un enfer.
Sous la banquise,
le soleil vert.

Y avait 3 filles
et un clochard
sur le boulevard
très tard le soir
y avait 3 flics
dont un motard
à tourner autour
comme des vautours
y avait 3 chiens
et une pétoire
y avait du sang
sur ta
chemise...

Y A PAS DE MAITRE CHIEN....QUI PISSE DANS MON JARDIN...

... LA VIE EST BELLE ... LE MONDE POURRI ...

LES NOUVEAUX MUTANTS

Journée pépins
journée pébroc
journée gouttière
qui pleure sa mère.
Le chat est mort
le lion aussi.
Un sale lundi.
Tous aux abris!

A QUOI TU JOUE BIJOU ?

C'est à mourir de rire à en pleurer...

Petit matin,
le café chaud,
les dominos.
Le jour se lève,
comme tous
les jours.
Le jour se lève,
il fera beau.

Narguilé froid
Dernière pizza.
On va fermer,
encore une fois,
jour après jour
j'éteins
le four

je
rentre chez moi
au quart de tour
jusqu'à demain
aller retour

PARISTAMBUL

C'est l'histoire d'une femme si grosse, si grosse, si grosse...

avec une jolie robe à fleurs...

P'TIT BRIN DE PRINTEMPS
QUI VA QUI VIENT
SUR MON SCOOTER
JE N'AI PLUS FROID
J'ENLEVE LE HAUT
J'ENLEVE LE
LE BAS
PETIT PRINTEMPS
DEVIENDRA GRAND
LE SOLEIL D'OR
LOIN DE
GARE DU NORD

BRIN DE PRINTEMPS

JE SUIS CONTENT.
MA FEMME
EST GROSSE,
DE NOTRE ENFANT.
FUTURS PARENTS
LA CHAMBRE
EST PRETE..

PETIT
BRIN
DE
PRINTEMPS

MADAME PRINTEMPS
PETITE PLUME
PETIT MOINEAU
TA ROBE FLEURIE
QUI TE RAVIT.
MA VIEILLE BRANCHE
QUI REFLEURIT.

REINE DE MENILMONTANT

Walli est en Algérie
Walli ne reviendra pas
Walli est en Algérie.
Il est parti voir Zorha…
Jean Marie et Abassi
Iront seuls au Paradis…

Quand j'irai en Algérie
Retrouver ma princesse à moi
On dansera toute la nuit
Avec Walli et Zorha…
Jean Marie et Abassi
Iront seuls au Paradis…

Quand j'irai en Algérie
Retrouver ma princesse à moi
On dansera toute la nuit
Avec Walli et Zorha…

Et
on laissera
tout le paradis
De bon cœur
et sans mépris
A ceux qui
ne le méritent
pas…

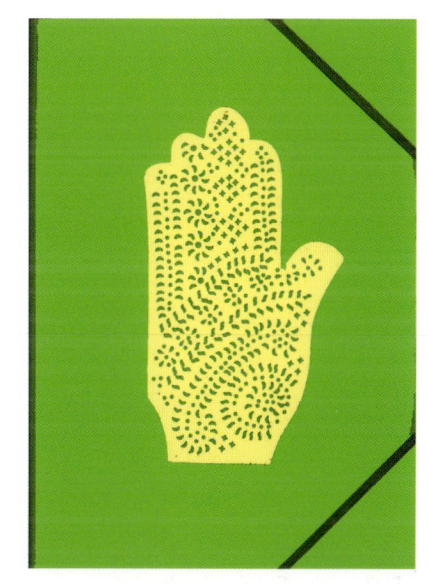

AIN
BEIDA

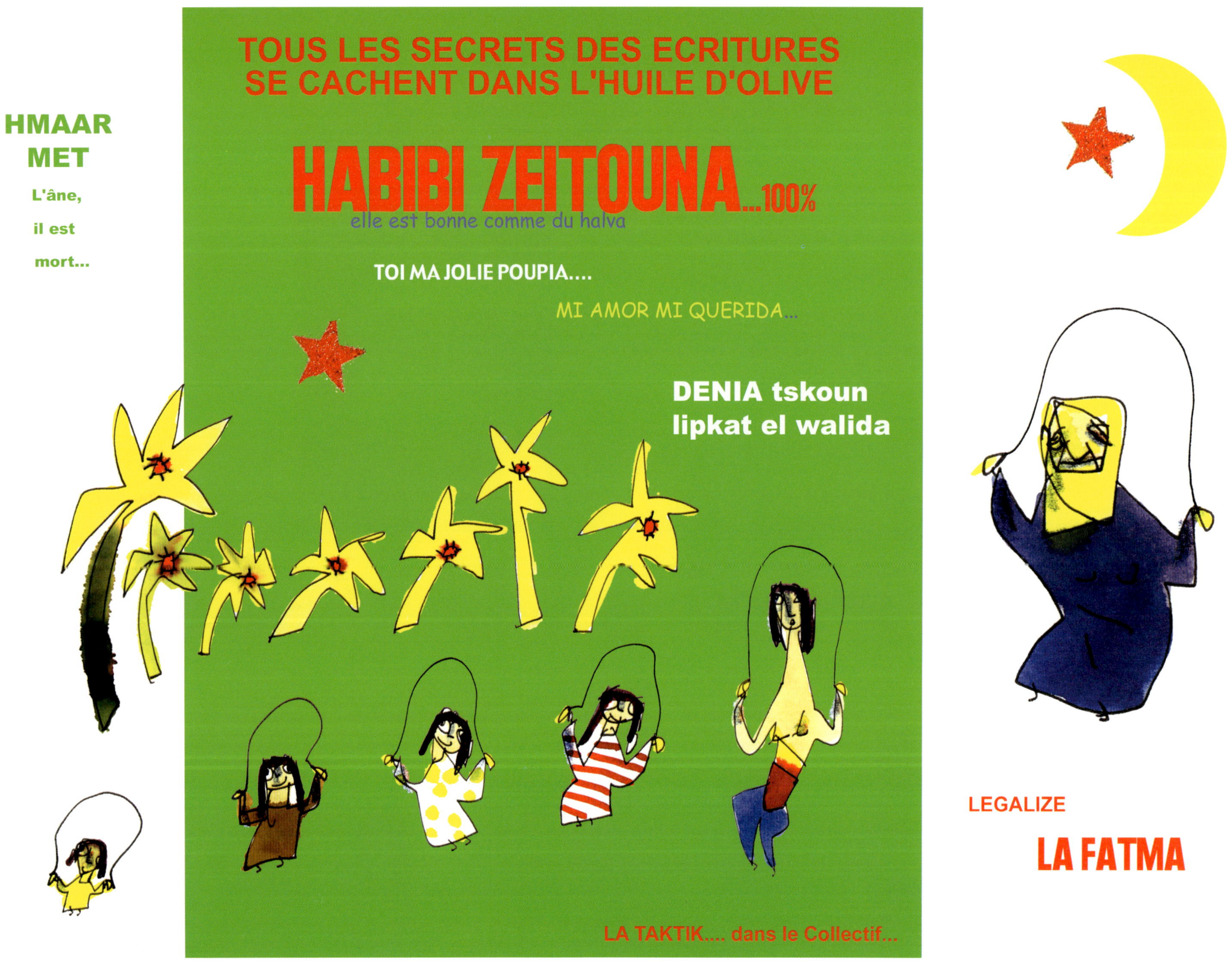

TOUS LES SECRETS DES ECRITURES SE CACHENT DANS L'HUILE D'OLIVE

HABIBI ZEITOUNA...100%
elle est bonne comme du halva

HMAAR MET

L'âne,

il est

mort...

TOI MA JOLIE POUPIA.....

MI AMOR MI QUERIDA...

DENIA tskoun lipkat el walida

LEGALIZE

LA FATMA

LA TAKTIK.... dans le Collectif...

MORHNIA BLUES

DE GAZAOUET
A NEDROMA

AIN BEIDA...
EL ORBA...

HMAAR MET

A l'abri
des regards
les zoufri
font leur vie
à l'écart des bubards
vivent le raï et le reaggea

L'ALGERÍE
jamaisTropLoin

KALBY
DROB
MENIN
CHAFEK

DENIA tskoun lil
DENIA tskoun njoum
DENIA tskoun chorta
DENIA tskoun kedba
DENIA tskoun chaar
DENIA tskoun choor

MESKINA DJEZAïR

KALBY
DROB
MENIN
CHAFEK

MEME SOLEIL

POUR TOUS !

On est 100
et puis 200
bientôt 1000
et dans 2 ans
on sera tant
qu'il leur faudra
des canadair
pour apaiser
l'affaire...

...et nous remettre
la tête
dans le seau
de Khla

C'est le jour à l'envers...
qui défonce la tête...
Faxman SENEGAL...

FAXMAN
TROTTEUR
Faxman in AFrica
FAXMAN
VOYAGEUR

Au paradis mon père
Au paradis ma mère
Au paradis mes sœurs
Au paradis mes frères
A l'endroit comme à l'envers
Le jeu est clair !
C'est un

PARADIS

D'ENFER

Manhattan fast food
Dakar Sénégal

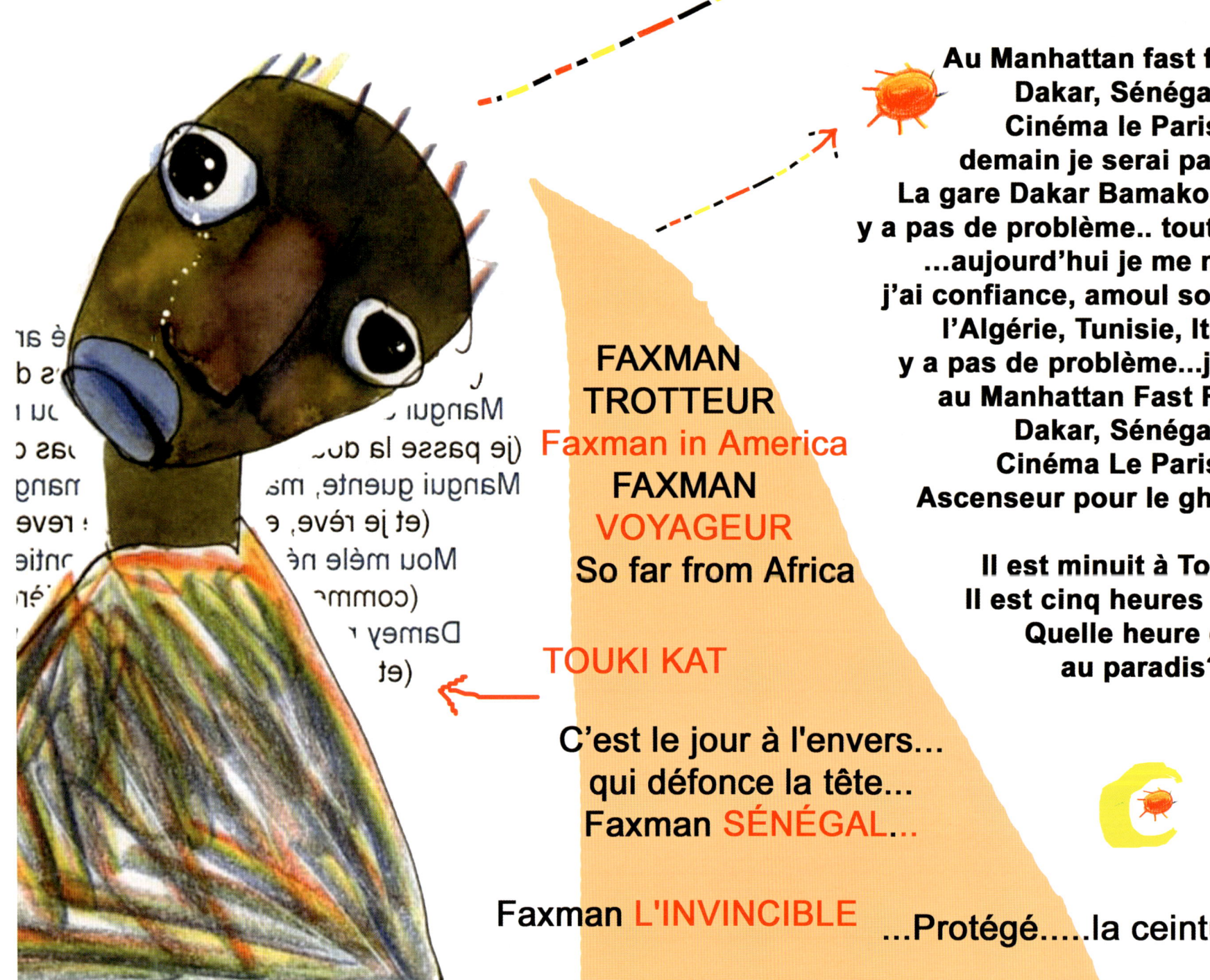

FAXMAN
TROTTEUR
Faxman in America
FAXMAN
VOYAGEUR
So far from Africa

TOUKI KAT

C'est le jour à l'envers...
qui défonce la tête...
Faxman SÉNÉGAL...

Faxman L'INVINCIBLE

Au Manhattan fast food
Dakar, Sénégal
Cinéma le Paris
demain je serai parti.
La gare Dakar Bamako, Mopti,
y a pas de problème.. tout va bien...
...aujourd'hui je me marie,
j'ai confiance, amoul solo...Gao,
l'Algérie, Tunisie, Italie,
y a pas de problème...j'aime...
au Manhattan Fast Food
Dakar, Sénégal,
Cinéma Le Paris..
Ascenseur pour le ghetto...

Il est minuit à Tokio
Il est cinq heures au Mali
Quelle heure est il
au paradis?

...Protégé.....la ceinture........

Au Manhattan fast food
Dakar, Sénégal
La grand mère à l'hôpital Dantec
Tout va bien, kai fi, kai rec
Toi ici
Moi là bas...le visa, au consulat, numéro 39
et attendre, attendre, à l'état civil,
Déjà l'an 2000,
Déjà 2000 ans
au Manhattan fast food
Dakar, Sénégal,
Cinéma le Paris... Il est minuit à Tokio
Il est cinq heures au Mali
Quelle heure est il
au paradis?

au
PARADIS
D'ENFER

...C'est un Paradis d'enfer...

Dakar, Bamako, Rio de Janeiro
où est le problème?
Où est la frontière?
entre les murs, se faufiler
dans l'ascenseur
ascenseur pour le ghetto....

au Manhattan fast food
Dakar, Sénégal
Cinéma le Paris...
Demain je serai parti
Aujourd'hui je me marie.

... l'envers...

...les temps sont durs...   Que va t il faire....pour s'en sortir ?....   ...à l'endroit..comme à ....

LE DEPART

DANGAI DEM
tu vas partir
NEC BI DI NA OUET
la chambre sera vide

LE RETOUR

Guet naala guiss
ça fait longtemps que je ne t'ai pas vu
dama la jiffe
j'ai faim de toi
dama tang trop
j'ai trop chaud
kay fone ma.
viens m'embrasser
Mangui fi rek
je suis là

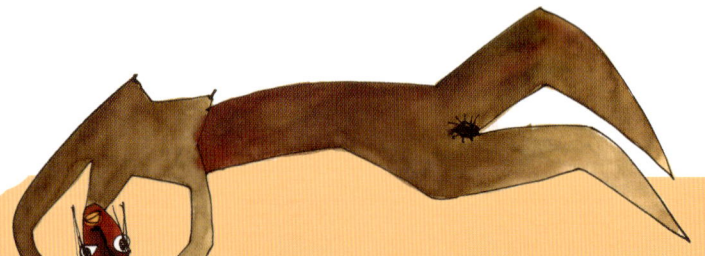

Pour la terre entière
notre amour n'existe pas.
Pour la terre entière
notre amour est clandestin.
Personne ne peut se douter
du volcan sous le rocher.
Personne ne peut savoir
que l'on se voit dans le miroir.
Nos regards sont des lits d'amour,
nos retards sont éternels...
Je suis loin de toi
mais je te tiens la main
Je suis loin de toi...
et je t'embrasse les seins...
Les gens ne savent rien.
Les gens ne nous voient pas
nous ne sommes pas là...
nous sommes bien trop loin...
Notre amour est clandestin.
Le soleil viendra demain.

(H.L.M 5, Dakar, SENEGAL NOV97)
AMOUL SOLO...
Adounabi sama keurla

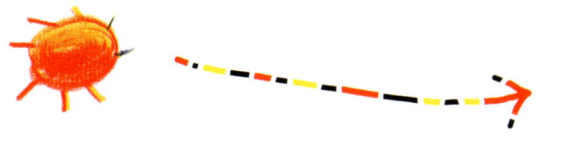

FAXMAN in America

FAXMAN L'INVINCIBLE

C'est le jour à l'envers...
qui défonce la tête...
Faxman SENEGAL...

Bobigny

La misère qui pousse

dans le désert...

est un fruit sec...

à s'y noyer...

é amou ma visa
s de visa)
ou ma kanam
(je passe la dou
as de visage)
manqui guente
(et je rêve, e
Mou mêle né
ntiere bi
(comm
Damey
naw..
(et

TOUKI KAT

FAXMAN
TROTTEUR
Faxman in America
FAXMAN
VOYAGEUR
So far from Africa

Bénis soient les gens heureux....
Béni soit qui se marie...

JE SUIS PARTI

MANGUI DIEUL PITIEUMI WAYé amou ma visa
(je prends l'avion mais je n'ai pas de visa)

Mangui diale douane bi wayé amou ma kanam
(je passe la douane, mais je n'ai pas de visage)

Mangui guente, mangui guente, mangui guente
(et je rêve, et je rêve, et je rêve...)

Mou méle né mangui diale frontiere bi
(comme si je passais la frontière)

Damey naw, damey naw, damey naw..
(et je vole, et je vole, et je vole)

Té mounou ma danou...
(je ne peu pas tomber....)

Le monde est ma maison
L'amour est mon étoile

Je suis sur un nuage...
Je pars en voyage...

CHEF MAMA
MADAME SOLUTION
COLONEL COMPLEXE
CAPITAINE PARADOXE
MONSIEUR CATASTROPHE...

Je m'en vais, je m'en vais,
Mais je sais que je reviendrai

Fais de moi ton ami.
Fais de moi ta brosse à dents.
Fais de moi ton amant
Fais de moi ton joli pull bleu.
Fais de moi ce que tu veux,
   Fais de moi un soupir
garde le bien, en souvenir.

Fais de moi tes belles chaussures
Fais de moi ta vieille voiture
Fais de moi ton chapeau.
Fais de moi ton cabot.

Fais de moi un beau jeune homme
Fais de moi un petit vieux...
Fais de moi un vœu...
...fais au mieux...
...sois heureuse...
...sois toi même...
...et continue à rire.

fais de moi un homme heureux.

NDUMBELAAN

(la république des animaux)

wolof stylee

YALLA YALLA BAYE SATOLE

(construis toi toi même, et dieu t'aidera...)..

T O U K I   K A T   S E N E G A L

LUI: Sa sirlu xaaju guddi woo dama la setsi ndank

Je suis ton chat sauvage, au milieu de la nuit

je t'appelle doucement.

ELLE EST HEUREUSE…

Elle a le ventre plein,
l'homme qu'elle aime à ses côtés…
et il y a du vent…

(gare de Dakar
dans un taxi
oct 98)

LA FEMME: Bunt bi bay.

J'ouvre la porte.

IL EST HEUREUX…..

Il est heureux..
Tellement heureux
qu'elle soit heureuse.

(dans un taxi
Dakar
10h du soir)

S E N E G A L

TAXI 21

LE LOUP EST DANS LE PRE   LE MONDE EST FOU A LIER

?

monsieur catastrophe

capitaine Paradoxe

madame solution

colonel Complexe

CHEF MAMA

LA FAMILLE POISSON ROUGE...

CHEF MAMA
MADAME SOLUTION
COLONEL COMPLEXE
CAPITAINE PARADOXE
MONSIEUR CATASTROPHE...

DOF A DOF : il est fou.

AMADOU & MARIAM

Mali denou

La vie ne dure qu'un temps...

IL EST MINUIT
A TOKIO.
IL EST CINQ HEURES
AU MALI.
QUELLE HEURE
EST T'IL
AU PARADIS ?

Amadou guerrier guitare

Mariam, voix de la raison

Les temps ont changé....

Il a plu
ce matin,
Je n'ai pas
de chagrin

**BENI SOIT
QUI MALI
PENSE**

C'est la fête au village Les oiseaux sont volages.

MAITRE TAMBOUR
sur un arbre perché...

Un jour est arrivé
tous les tambours
se sont fâchés.
...Alors vint l'orage...
...aux mille éclairs...
et le soleil s'est caché,
et tout le sol s'est mis à trembler

Il y avait
de l'électricité
dans l'air...
dans l'ère du temps,
au jour le jour
à feu et à sang
un jour est arrivé
tous les tambours
se sont fâchés..

sur un arbre perché...

SI
DJEMBE
M'ETAIT
CONTE

Quand
les
tambours
parlent

les
menteurs
se
taisent.

EN AFRIQVE TOUT LES SIX SECUNDES - UN MORT DE FAIM

MORTS les poulets
MORTS les enfants
Mortes les girafes
morts les éléfants

Toujours filmer
les animaux
faxman
mourir
pour
le
jt

Le monde est mon camion sauvage.

QUE DE BAS...

QUE DE HAUTS...

FACA

Paris Tokio
Décalage horaire
Paris Congo
Décalage horreur...
...Y a pas d'odeur...
...à la télé...

EN AFRIQVE TOUT LES SIX SECUNDES - UN MORT DE FAIM

FAGA

EN AFRIQVE TOUT LES SIX SECUNDES - UN MORT DE FAIM

MORTS
les poulets
MORTS
les enfants
MOrTes les girafes
MoRts les éléfants

On a vu les feux sur la route
On a bu le sable
dans nos yeux
On a vu la brume
on a vu la mer
on a connu l'enfer,
à la frontière

On a vu l'éblouissant
grand serpent blanc
d'or et d'argent
On a vu la nuit noire
à travers le brouillard...

FAGA

quand il monte à cheval
il oublie son dieu...
quand il descend de cheval
il oublie son cheval...
(proverbe Sénégal...)

Il pleut du feu
sur notre terre
Il n'y a qu'un pot
Il n'y a qu'une mère
et même si la Reine d'Angleterre
mettait son chapeau à l'envers...

Il n'y a qu'un pot
Il n'y a qu'une terre...
A l'endroit comme à l'envers...
C'est un Paradis d'Enfer...
A l'endroit comme à l'envers...
Au Paradis ma mère
Au Paradis mon père
Au Paradis mes frères
Au Paradis mes sœurs...

Le jeu est clair
A l'endroit comme à l'envers

....C'est un PARADIS d'ENFER.....

DOUCE CATASTROPHE

Douce catastrophe
aujourd'hui on s'est connu
Douce catastrophe
Aujourd'hui tout est permis
Aujourd'hui on s'est aimé
....plus fort que jamais..
Aujourd'hui devant l'amour
Le monde a disparu.
Aujourd'hui, jamais, toujours
Nos deux cœurs ont explosé.
Douce catastrophe
100.000 corps, dix mille baisers
sous les décombres
je te reprends
Douce catastrophe
Il y a deux heures nous n'étions rien,
et puis voilà
l'amour est là !
Toute petite mer
au creux de ma main
Je bois ta faim
je suis dans toi
je me sens bien

le monde n'existe plus
Le monde a disparu.
ne nous dérangez pas...

SENEGAL, DAKAR NOV 97

clandestino

LE VOYAGEUR

Le monde est ma maison
L'amour est mon étoile
Bob Marley
mon professeur.
Et je vole, et je vole,
et je vole...

Sur toi, plus haut encore
Tu me donnes le vertige
Je suis fou de toi, fou de toi
Et je vole, et je vole, et je vole.
Je suis sur un nuage...je pars en voyage
Et je m'en vais, je m'en vais, et je m'en vais...
Mais je sais que je reviendrai
Tout va bien
Y a pas de problème
je t'aime.

Man rek ak Werbi

...LE VOYAGEUR...

TOUKI KAT

Bougoudé: La nuit
Daf Fai meti: ça fait mal.
La lune: Wèr.

Adouna bi sama keurla
Mbeuguël moy sama bidéu
et Té Bob Marley
moy sama profesor
Damey naw,damey naw,damey naw
je vole, et je vole, et je vole.
Damey naw, damey naw, damey naw
Si sa kaw,si sa kawa kaw
Da ma mir si yaw
Dama la nope ba dof, dof si yaw
Damey naw, damey naw, damey naw
Ma gui si ben nir...damey touki
Magui dem, magui dem, magui dem
Wayé hamna ni di na gnewat
Amoul solo
Amoul bén problèm
Je t'aime.

Le soleil est mort ce matin.
Les temps sauvages
sont revenus.
Ils nous ont tués
...et ils ont dit...
Le soleil est mort.
Vous êtes perdus !

.... LE SOLEIL EST MORT CE MATIN

...Et nous,
pauvres de nous,
les avons crus.
La nuit est tombée
tombée sur nos têtes
tombée sur nos pieds.
La nuit a claqué
Comme une porte
sur nos maisons.
Le soleil est en prison
Le soleil n'existe plus.

...

...

Le soleil est mort
ce matin.
Les temps sauvages
sont revenus.

Au royaume de la Trompetie..
le petit qui s'en contrepête
est roi..les filles dansent
à son compas...
...pauvre de lui
qui en aime une autre
qui ne viendra pas..

La Trompetie
n'existe pas.

la Trompetie

est un petit pays...

qui vie dans l'harmonie

d'une jolie mélodie....

La note bleue
de trompetie
offre un climat
Sans Souci

LES ROUTES DU SUD....

Les routes du sud sont en chantier. Y a plus d'argent pour les finir

Les routes du sud
...abandonnées,
à leurs dos d'âne...
...à l'aventure...
...Au pays des camions sauvages...
...Les mirages de l'argent...
...sont un vice éternel...

LES CHAMPIONS

la mécanique
est un sport
qui se pratique
surtout en **Afrique**.

LES CAMIONS SAUVAGES.

Le long des longs camions sauvages
Le monde est mon camion sauvage. X2

Mon dos cassé
freins fatigués
le long du long serpent blanc
éblouissant, tombent les,
tombent les kilomètres
lourds comme du plomb…

Le long des longs camions sauvages
Le monde est mon camion sauvage. X2

MORTS les poulets MORTS les enfants
Mortes les girafes morts les éléfants
Le long des longs camions sauvages
Le monde est mon camion sauvage. X2

Cul blanc

la brousse

bonne

chair

á

saucisses.

Ils avaient de gros culs blancs
et des têtes de caméra.
Ils étaient malades
de trop faire caca.

Woro   Cigaretti   Alumetti
Woro   Cigaretti   Alumetti
Woro   Cigaretti   Alumetti
Woro   Cigaretti   Alumetti

Bonbon !!!

le vent de feu soigne mes blessures

...Tempête de sable...
...tout dans mes yeux...
...le vent de feu...
...quand je te vois...
...

M'BIFE

Un jour le feu s'est posé
devant mes yeux.
Devant ton corps
béni des dieux,
je suis devenu son otage.
Quand tu m'as jeté aux aubépines
je suis aussi devenu leur otage.
Et tout le désert s'est embrasé.
Et depuis tu me piques,
et depuis tu me brûles.
Un jour le feu s'est posé
devant mes yeux...
...je suis devenu son otage.

MEME LES 7 MERVEILLES DU MONDE REUNIES
NE SERONT JAMAIS AUSSI BELLES QUE LA FEMME AFRICAINE.

Femmes du MaLi

Je vois mon ombre dans le désert
elle n'est que le reflet de moi même.
Je suis tellement perdu...
Je la suis partout...
Petit scarabée sur ma chaussure
Je vois ton ombre dans le désert.
petit scorpion dans mon cœur..
je vois ton ombre qui me meurt...
...il est midi...

Manger piment
Mords le caïman...
petit lézard sur
ma chaussure
le vent de feu
soigne mes
blessures
J'aime tant la vie...
...à tes augures...
...l'Afrique est une

très belle jeune fille...

KANATA KANETO

...ancestrale....

le vent de feu
soigne mes
blessures

J'ai tant rêvé du fleuve Amour
J'ai tant cherché à m'y baigner
J'ai tant ramé dans mon puits sec
J'ai tant péché à boire Ton eau...

LE BRISE GLACE

SIBÉRIE

m'était contée...

..A TOUS LES PECHEURS DU FLEUVE AMOUR...

Sibérie
dans mon lit
Sibérie
dans la chambre
Sibérie
dans ton cœur
Sibérie
dans tes yeux.

Sibérie
dans le train
Sibérie
le matin
Sibérie
je m'ennuie.

Sibérie
dans ma vie
Sibérie
tous les jours
Sibérie
dans la cour
Sibérie
fleuve Amour.

Sur
la
place
Rouge
de nos
deux cœurs

...Toute...
... la Sibérie..
...rien que pour ...
...nous deux...

LES SEINS
DE GLACE

MA SIBERIE
MON
IMPROMISE
VOUS ETES
SI FROIDE
SURTOUT
L'HIVER

...Vous êtes si belle...
...sans votre chemise...
..jolie marquise...
...Vous êtes si belle...
.. de vos deux lunes..
...Jolie banquise...

JEUX DE MAINS

...Jolie banquise...
...vos seins me glacent...
vous si lointaine..
...vous si exquise ...
... à vos glaciaires ...
... Je me crapule ...

Semblant de joie
Semblant de toi.
Je rêve si fort
Je te sens loin.
..et puis encore…
je rêve plus vite,
je rêve plus fort,
je rêve plus loin…

Et puis soudain…

……voilà !
C'est fini !
Bonne nuit.
et à deuxmain…

sïbérie
m'était confiée

SIBÉRIE

Ce soir je vais te tromper…
J'en pleure de rage les yeux crevés…
Ce soir je vais tout quitter
Oublier l'amour, me laisser aller
Je m'en vais boire, boire et reboire,
Je prendrai la première qui vient
Pour lui faire l'amour dans le noir
La rage au ventre les yeux fermés…

Ce soir je vais te tromper
J'en pleure de rage les yeux crevés.
Ce soir je vais tout gâcher,
Ce soir je vais tout salir…
Ce soir je vais te tromper...

(faites vos jeux)

JEUX DE MOTS

Jeux te sens
Jeux te joue
Jeux te mise…
Jeux te perds

Jeux te veux
Jeux m'entête…
Jeux remise
Jeux reperds…

Jeux suis mordu
Jeux recommence
Jeux veux y croire…
jeux dis pair
Jeux tire impair
Jeux te rejoue
Jeux dis banco !
Jeux perds ma chemise…
Jeux suis refait
Jeux ne sais plus
Jeux suis perdu
Jeux ne joue plus…
Jeux du pendu.

A TOUS
LES PECHEURS
DU FLEUVE
AMOUR

…MA SIBERIE
MON INCOMPRISE…

chauffeur monte le son....
J'ai froid....

LE BRISE GLACE

LES YEUX TURQUOISE...

des sœurs   SIAMOISES

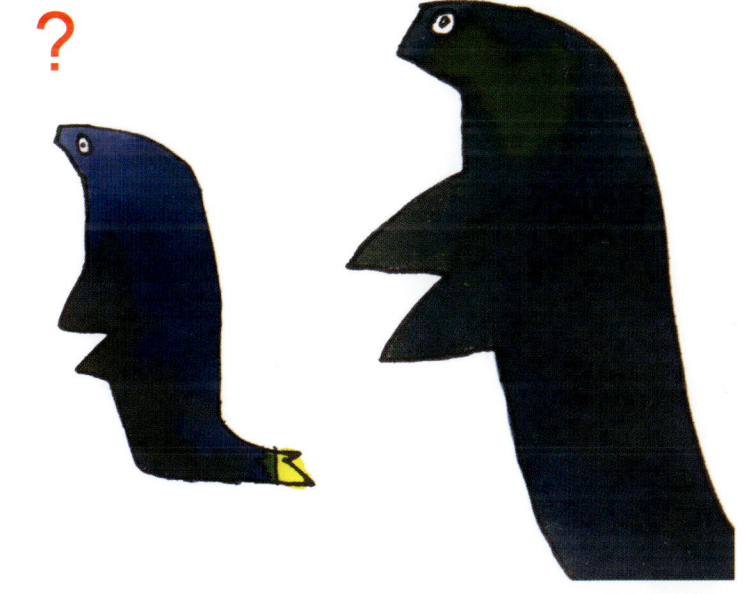

LES YEUX
TURQUOISE.

des sœurs SIAMOISES

voient se pamer
tous les damnés
qui tous les soirs
au fond du bar
reviennent braver
la nuit tombée

Les yeux
turquoise
des sœurs siamoises
sont des puits secs
d'avoir trop vu
les hommes
pleurer

Les yeux turquoise
des sœurs siamoises
sont un bouquet
de fleurs fanées.

Les yeux turquoise
des sœurs SIAMOISES
sont comme deux phares
où viennent s'échouer
tous ces messieurs
dans le brouillard
venus braver
leurs yeux
bridés

A QUOI
TU JOUE
BIJOU ?

LE BRISE GLACE

Les yeux turquoise
des sœurs SIAMOISES

ont vu passer
tous nos aînés
qui tous les soirs
les yeux hagards
venaient les voir
pour se marier.
Les yeux turquoise
des sœurs siamoises
ne sont pas de ceux
qu'on apprivoise.
Les yeux
turquoise
des sœurs
siamoises
sont
des puits secs
d'avoir trop vu
les hommes
pleurer

...Si t'es pressé t'es déjà mort...

SOUVENONS NOUS

DU FUTUR...

..SI TOUTES LES
PROMESSES
OUBLIEES
SAVAIENT
UN JOUR
NOUS RETROUVER...

..SI TOUS LES PÊCHEURS DU FLEUVE AMOUR...

faut il plonger?

Faut il

ramer?

TU ES SI PROCHE
ET JE NE SAIS PAS NAGER.
L'EAU EST SI FROIDE
QUE JE M'Y SUIS BAIGNE

..ETAIENT UN JOUR AU RENDEZ VOUS...

En politique,
comme ailleurs,
la Prévoyance
est un art,
qui se fait rare...

L'as de pique qui change de mains...la roue qui tourne....

LA MORT

Les chiens ont soif
les pigeons volent...
il pleut des larmes
de crocodile.
Il est minuit
à Tokio
Il est cinq heures
au Mali
Quelle heure
est il
au Paradis?

...L'horreur est là...

Il faut gagner
tous les jours
il faut gagner

Il faut courir
tous les jours
il faut courir

On va crever
tous un jour
on va crever..

Je veux t'aimer

tous les jours Je veux t'aimer

AU PARADIS D'ENFER.....

Petite flamme
Petite mort
Petite femme
Petit instant
Petite flamme
Petite mort
Petite flemme
Au firmament...

esprit es tu là ? ...

PETITE FLAMME

Petite flamme,
Petite femme,
Petite mort
Petit instant
Petite flamme,
Petite flemme,
Petite mort
Au firmament...
....Sous la pluie, à minuit,
petit bonheur deviendra grand,
petit bonheur reviendra quand?

Je veux t'aimer
tous les jours Je veux
t'aimer

JE VAIS MOURIR

Peut être un jour
Peut être jamais...
Peut être demain...
...Je n'en sais rien...

Pour un feu rouge
Pour une histoire
Pour un mot rouge
Pour un faux dire

Je vais mourir
Peut être demain...
Peut être jamais...
On verra bien.

J'aime bien me promener au
Père Lachaise..
... mais pas trop longtemps...

Bien trop occupé...

A te revoir...

Ce soir encore

Je t'aime à mourir

...stop...

esprit es tu là ? ...

AU PARADIS D'ENFER.....

DANI, DANI.
(c'est ignoble)

Au pays du soleil couchant
vit un roi très puissant
Toi qui me fais souffrir.
retire ta main
Ce que tu fais
est ignoble.

A la grâce de Dieu
Tu es l'imposteur
A la grâce de Dieu
Tu es le maître
de nos pleurs.
Entends tu mon rire
de derrière les barreaux?
Il est lourd et bruyant
Il est triste et crispé
Il exprime toute ma soif
ma soif de liberté.

LA FETE EST FINIE

A l'abri du mépris
il n'y a plus personne.
Tout le monde sous la pluie...
A chacun sa tanière
à chacun sa galère
la vie est un mystère
à l'abri du mépris
il n'y a plus personne...

Au pays du soleil couchant
vit un roi très puissant.
Ce qu'il fait
est ignoble.

Mansour Walli
fev 99
BARCELONA
CEUTA
CALAMOCARRO.

CE QUE TU FAIS...EST IGNOBLE....

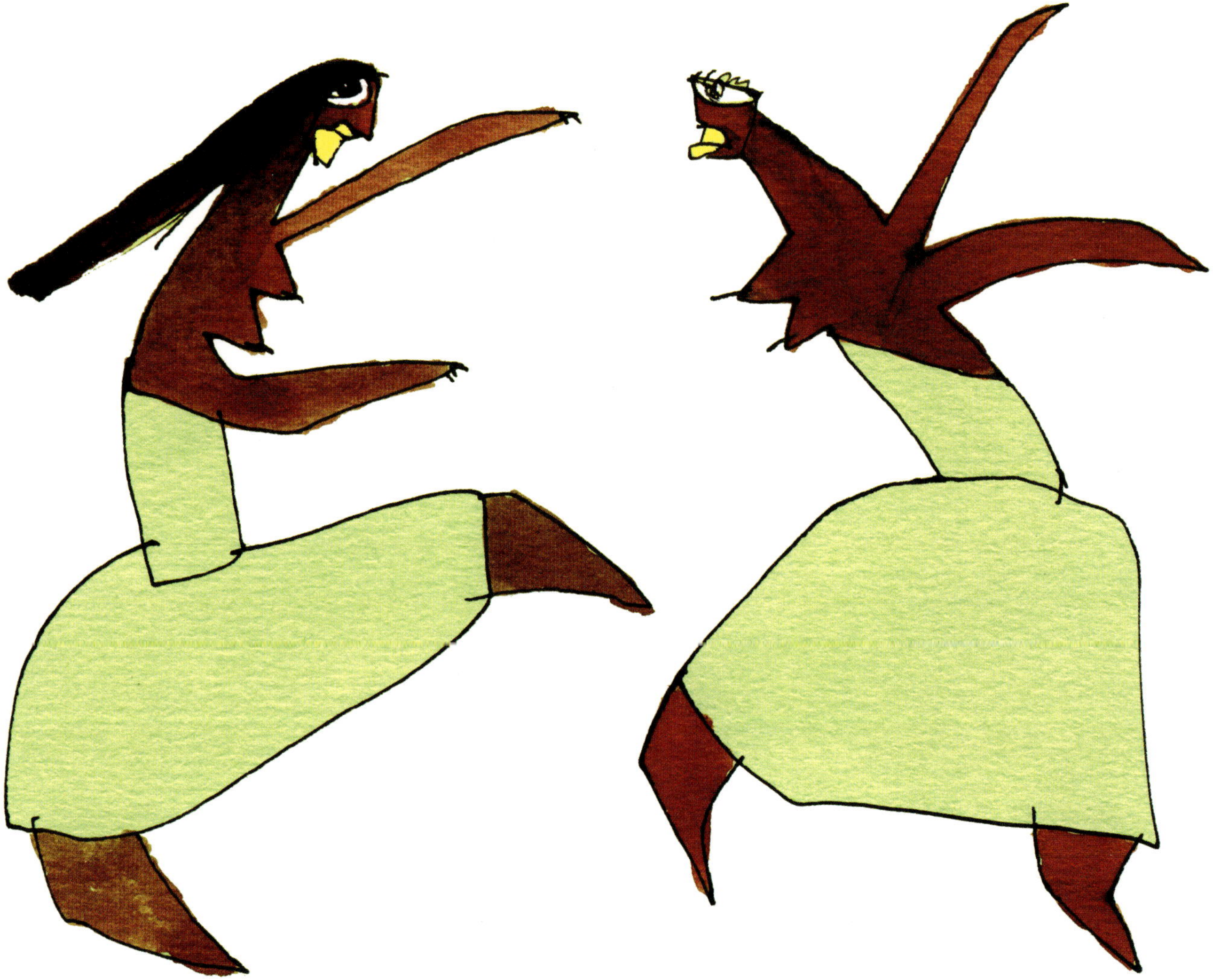

La foire

aux

mensonges

est à 2 pas.

2 pas devant

2 pas derrière

2 pas de côté

Elle est partout

Nous sommes cernés.

LA FOIRE AUX MENSONGES

En Politique comme ailleurs ... qui se fait Rare ...

la Prevoyance est un Art...

Le monde est violent
et personne ne fait rien.
Le monde est géant
et partout
la même guerre.

Les forts sont puissants,
les faibles s'entretuent,
les croyants,
mécréants,
tout le monde est perdu.

Le monde est violent
le monde est tordu
Le monde est truand.

Au jour le jour,
à feu et à sang,
le monde est
tuant.

AUX MILLE SOLEILS
L'ETE SERA CHAUD

regardez les oiseaux
regarder la femme

regardez la femme
regarder l'oiseau...

JE T'AIME
JE t'aime
Tous les jours
Sans fissures
Sans raisons
Je t'aime d'instinct
Je t'aime bien
Je t'aime tant
J'en pleure de joie
Je crois en toi
Je te dis viens..
Viens donc
enfin.

ABSENCE

Comme il se doit
je pense à toi.
Comme une brûlure
je te revois....
.........dans une voiture..........
...............à toute vitesse.......
...............Il y a longtemps........

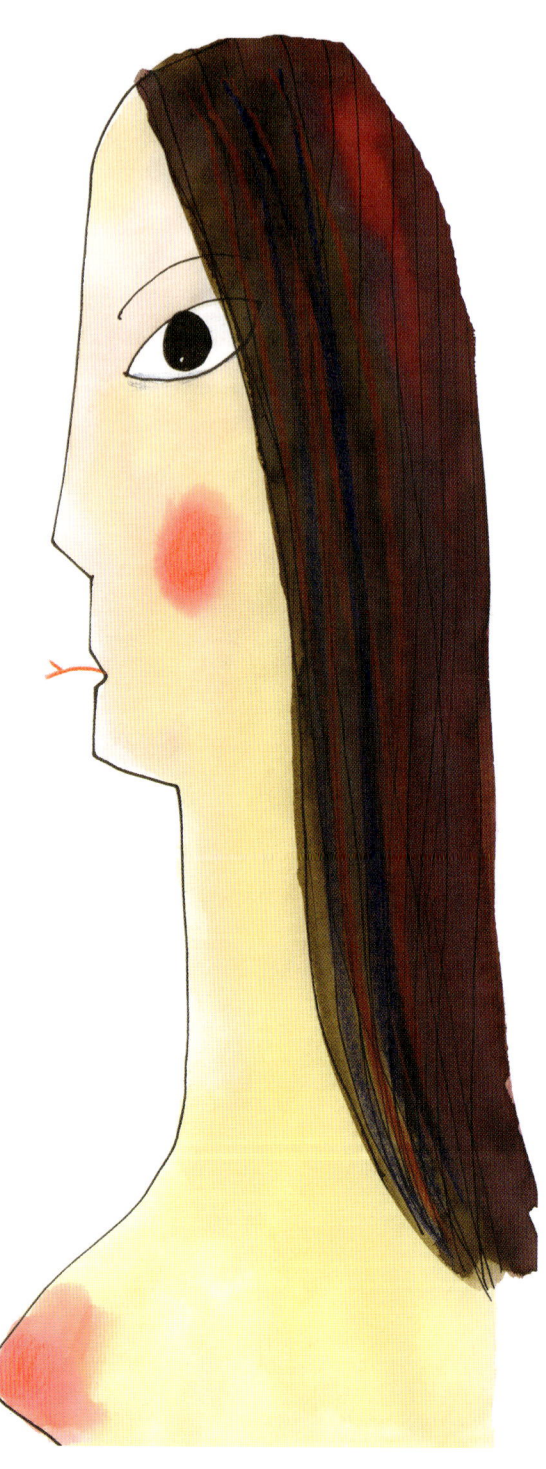

CREVE LA VIE

La femme que j'aime
ne le sait pas
ou bien alors
 elle fait comme si...
La femme que j'aime
me crève la vie.

Une chose est sûre
 elle ne m'aime pas.
Quand elle regarde
elle ne voit pas
mes yeux qui brûlent
 dans l'incendie...
...Je suis malade..;
...je suis malade...
et je n'ai pas de maladie.
Je cherche l'oubli
Mais comment faire ?
Je meurs transi.
      La femme que j'aime
me CREVE LA VIE.

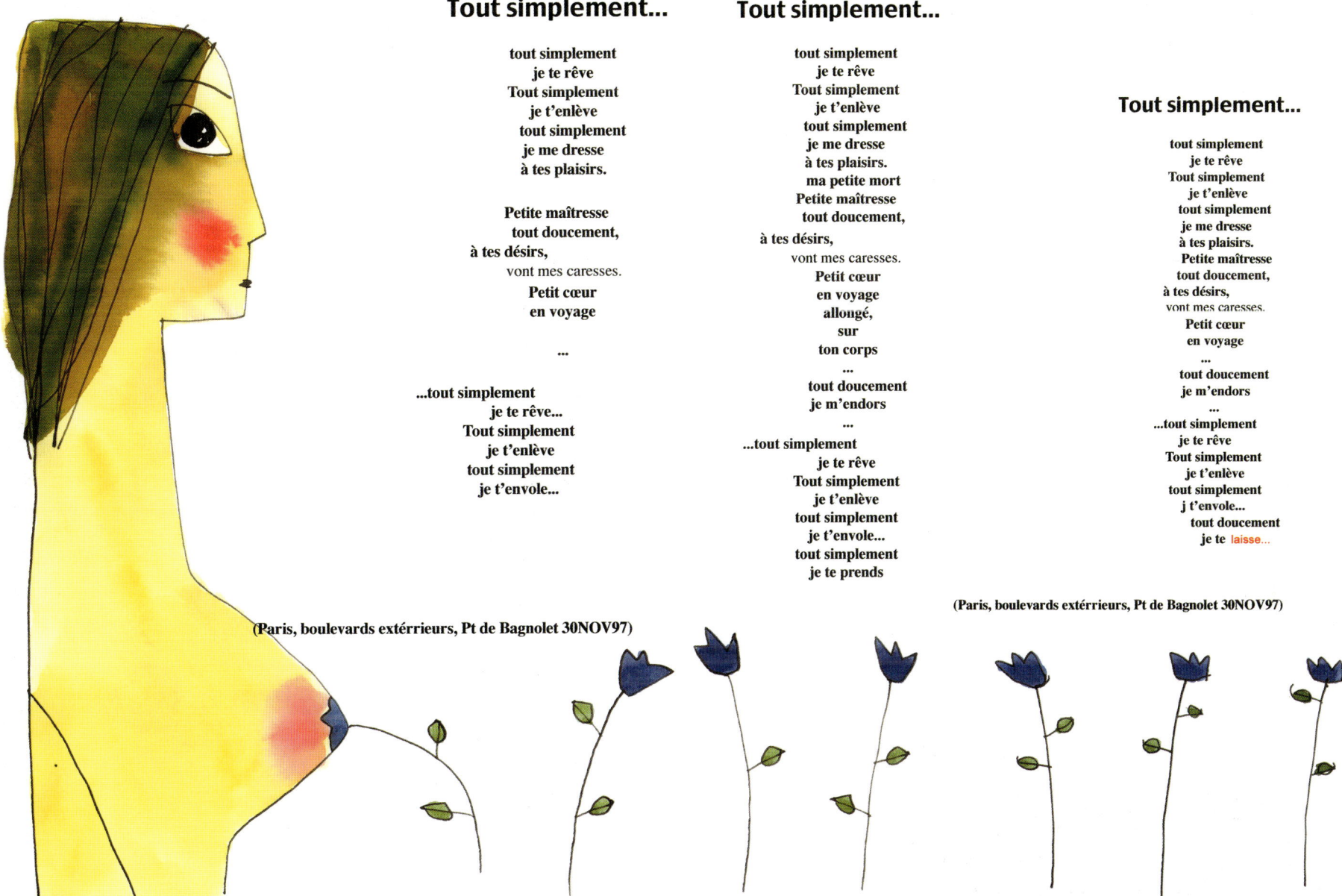

Tout simplement...

tout simplement
je te rêve
Tout simplement
je t'enlève
tout simplement
je me dresse
à tes plaisirs.

Petite maîtresse
tout doucement,
à tes désirs,
vont mes caresses.
Petit cœur
en voyage

...

...tout simplement
je te rêve...
Tout simplement
je t'enlève
tout simplement
je t'envole...

Tout simplement...

tout simplement
je te rêve
Tout simplement
je t'enlève
tout simplement
je me dresse
à tes plaisirs.
ma petite mort
Petite maîtresse
tout doucement,
à tes désirs,
vont mes caresses.
Petit cœur
en voyage
allongé,
sur
ton corps
...
tout doucement
je m'endors
...
...tout simplement
je te rêve
Tout simplement
je t'enlève
tout simplement
je t'envole...
tout simplement
je te prends

(Paris, boulevards extérrieurs, Pt de Bagnolet 30NOV97)

Tout simplement...

tout simplement
je te rêve
Tout simplement
je t'enlève
tout simplement
je me dresse
à tes plaisirs.
Petite maîtresse
tout doucement,
à tes désirs,
vont mes caresses.
Petit cœur
en voyage
...
tout doucement
je m'endors
...
...tout simplement
je te rêve
Tout simplement
je t'enlève
tout simplement
j t'envole...
tout doucement
je te laisse...

(Paris, boulevards extérrieurs, Pt de Bagnolet 30NOV97)

Une femme
en OR...
...parfum subtil...

JOKER
MENTEUR!!

L'amour
est un petit jeu
troublant

Où l'on se perd
à chaque instant

C'est un petit jeu marrant
Pas le contraire,

C'est évident.

L'amour
est
un petit jeu

L'amour
est
un petit jeu

et quand
l'amour
n'est plus
un jeu...

L'amour
est un
petit vieux.

IL ETAIT UNE FOIS

Il était un roi
qui n'avait plus rien
Il était une reine
qui n'existait pas.

Eh bien tant mieux!
Eh bien tant pis!
C'est bien mieux comme ça!
C'est bien mieux comme ci!

Il était un jour
Il était une nuit...
Il était un amour
qui s'était enfui...

Eh bien tant mieux!
Eh bien tant pis!
C'est bien mieux comme ça!
C'est bien mieux comme çi!
Puisque dès demain
Il était une fois...

Rio de Janeiro
SOBRENATURAL
Santa Teresa
Mayo 96

l'amour est un petit jeu fragile

L'amour est un grand ouragan

**qui nous attache
éperdument**

PARKING
GRAND HALL
PORTE DES EMPLO
PARKING
GRAND HALL
LES CAGES
L'HOTEL E
LE BUFF
LES CHA
PAR LES LARBINS…

**Mon coeur est pris.
Pris par les vagues.
Mon coeur n'est à personne.
Il ne m'appartient pas.
Mon coeur est sauvage,
ou bien plutôt volage?
Je ne sais pas.
Je ne sais plus.
Mon coeur est libre
de me quitter.**

**Mon coeur est parti.
Je suis mort aujourd'hui.**

L'amour est un petit jeu subtil Où l'on se perd A faire semblant Ou le contraire Cela dépend…

MA FEMME EST CHIANTE

Ma femme est chiante
je mérite bien ça
je l'ai bien cherché
Hamdoulilha
Ma femme est chiante
elle le sait bien
c'est mon enfer
au quotidien
Ma femme est chiante
je m' en amuse
jusqu' au moment
où elle abuse
alors je la prends
dans mes bras
son p'tit cœur n'y
résiste pas...
Ma femme est chiante
je l'aime comme ça.
elle ne plaisante
jamais sur rien
...et elle me pardonne...
...jamais longtemps...

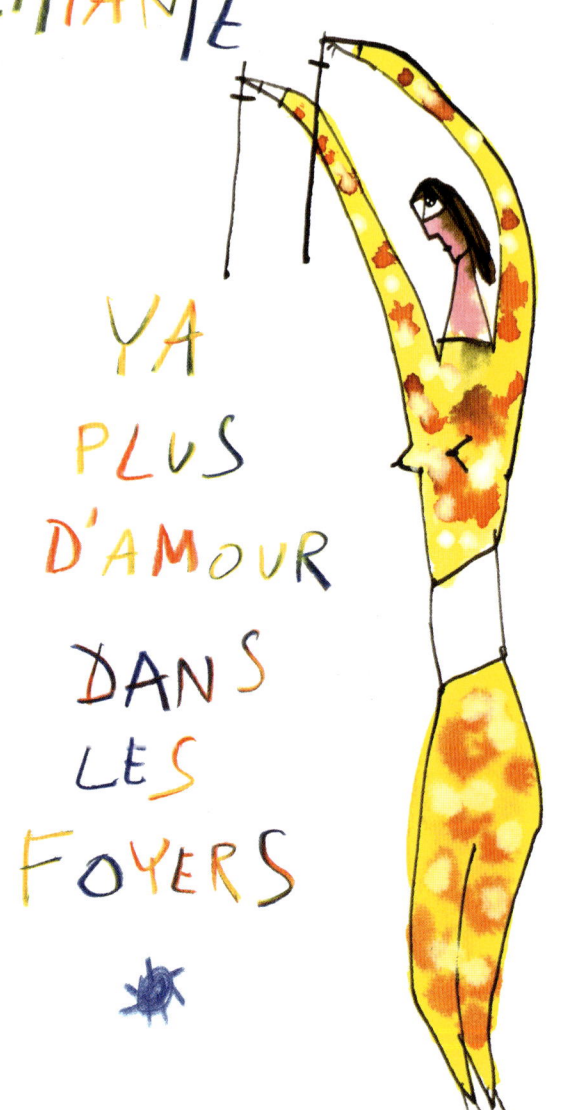

YA
PLUS
D'AMOUR
DANS
LES
FOYERS

YA
PLUS
D'AMOUR

pour un p'tit rien
je la déprime
son ton amer
est mon calvaire
Ma femme est chiante
et capricieuse
c'est mon affaire
c'est mon destin
ma femme est chiante
je l'aime comme ça !

...ma femme est belle
je l'aime comme ça...

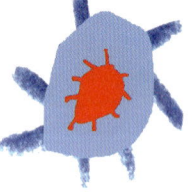

UNE AUTRE VIE

CE SOIR

Ce soir

je dors
près de toi.
Dans la même chambre...
Je t'écoute respirer....
...je respire le même air...
Ce soir
je dors réveillé.
L'esprit dehors...
A des milliers de kilomètres
Je t'entrevois
de l'autre côté
du vide....

...sur ton matelas...

...entre les draps...

Ce soir

je ne sais plus dormir.

...

...Le silence est peuplé...

...le silence est trop lourd.
...
je t'appelle au secours...

....

...à des milliers de kilomètres

ce soir

........je dors près de toi..........

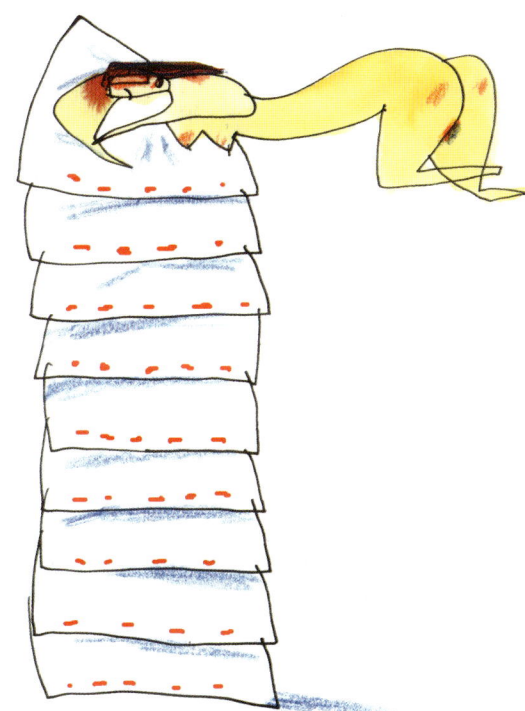

DANS UNE AUTRE VIE

Dans une autre vie
Je serais ton homme
Dans une autre vie
Je serais ton amant
Dans une autre vie
Je serais ton lit
Dans une autre vie
On aurait 5 enfants
Dans une autre vie
On ferait le tour du monde
Dans une autre vie
on voyagerait tout le temps
Dans une autre vie
On aurait mille maisons
Dans une autre vie
Tu serais ma femme
La femme de mon autre vie...

(à la femme de mes autres vies)

DOULOUREUX VERTIGE.

TU ME FAIS DES TROUS DANS LA TETE
JE ME SENS BIEN SUR TA PLANETE.
MES ILLUSIONS TE FONT LA FETE

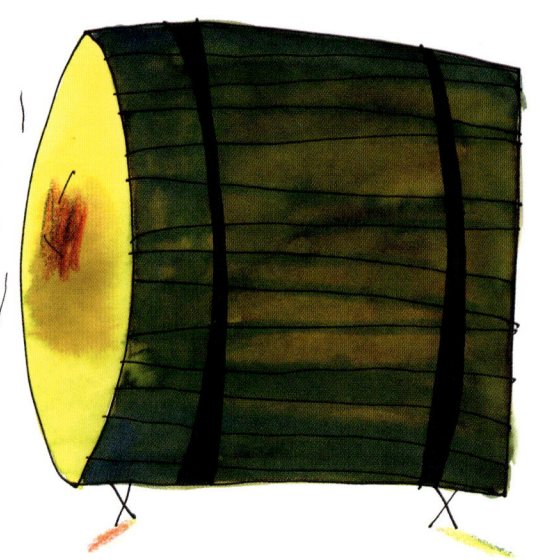

!!L'OIGNON FAIT LA FORCE!!!

l'alcool aussi!

QUAND LE DIABLE
SE FAIT DIEU
TOUT LES ANGES MONTRENT LEUR QUEUE...

Fumer salade,
jamais malade.

LA PETITE RIVIERE

Je t'aime
ma petite rivière
tu coules de source
et tu me réjouis
si froide
au premier abord,
le soleil,
ton meilleur ami.
La nuit qui te fait sorcière.
Les hommes qui te font misère
le ventre à l'air
morte la grenouille
morts les roseaux
petite gouttière
pauvre rivière
pauvre de nous
claires fontaines.

L' EAU DE VIE
est un plaisir
qui m'inspire
les mille sourires
des feux qui brûlent
dans l'incendie
la joie du cœur
les idées claires
l'eau de feu
est une blessure.
Les dernières liqueurs
sont les plus beaux poèmes
les dernières vapeurs
sont la vie d'un homme

(Bretagne, Monts d'Arrets)

QUAND LA LUNE EST PLEINE
ET LES AMIS SONT PLEINS
IL FAUT PARTIR...

...A LA DERIVE......

**Mangez fenouil,
jamais d'embrouilles!**

Tes connaissances et mon bon sens sont deux crétins qui se veulent du bien

TOUT AUTANT

Je t'aimerais tout autant
Si tu étais moins conne
Je t'aimerais tout autant
Si tu étais plus riche
 Je t'aimerais tout autant
Si tu étais moins bonne.
Je t'aimerais tout autant
Si tu avais 10 ans. Je t'aimerais tout autant
Si tu avais 100 ans.
Je t'aimerais tout autant ....en emporte le vent...
.... autant... en emporte la lune...
autant te le dire... autrement...
Je t'aime du tout au tant....

MANGER LAITUE JAMAIS COCU !!!

Manger choux fleur, jamais tu meurs.

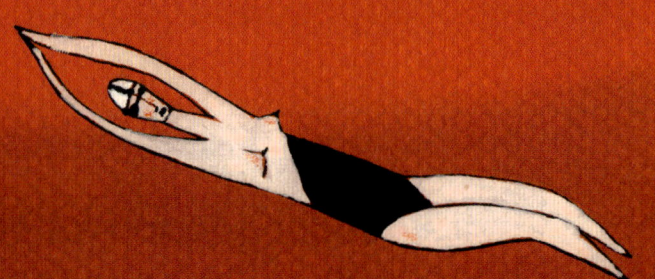

L'amour est si fort
Qu'on l'a jeté aux loups.
L'amour est si fou
qu'il n'a jamais eu tort.

L'amour a eu tort
et la mort a gagné.
L'amour est tombé,
il a brisé mon coeur.

L'amour est si fort
qu'on l'a jeté aux loups.
L'amour est si fou
qu'il n'a pas de remords.

**L'amour et
la mort.
La mort est
tombée.**

Je les voulais à mille paillettes
Je les voulais
trop belles pour moi.
Je les voulais qui font la fête
Je les voulais
toutes aux abois.

Je les voulais à ma façon
Je les voulais
toutes dans mes bras
Je les voulais et je me noie
assis tout seul
tout seul ma gueule.
Assis tout seul
sans queue ni tête.
Assis tout seul,
encore une fois,
Assis tout seul,
sans foule ni fête,
Y a plus
ni tambours ni trompettes.
Tout seul, ma gueule
Je me revois..
....tout seul...ma gueule...
....
...encore une fois...

Je me revois tel un pacha
entouré de 100.000 paillettes
dans un grand lit
plein de fatmas.
Y avait Francine
Y avait Ginette
Y avait la Louise et Roberta.
Je m'y revois
et je me noie
assis tout seul
sans queue ni tête
Tout seul, ma gueule
Sans foule, ni fête
Y a plus
ni tambours ni trompettes
tout seul, ma gueule
je me revois
tout seul, ma gueule
encore une fois….

J'aimais Francine
J'aimais Ginette
J'aimais la Louise et Roberta
J'aimais Maryse et Nassera.
Je les aimais toutes à mille paillettes
je les voulais toutes trop belles pour moi.

A LA VIE... A LA MORT

A la vie a la MORT
Au Coeur du poulet
de la PLAINE a ST GA,
du PANier a la ROSE,

MARSEILLE TOUT OPTION
Marseille pas pareil
MARSEILLE CHUTES LA VIE
Marseille tchi tchi freggy
Marseille DARKA*
MARSEILLE KENZA
Marseille est la.

de l'Estaque a Pointe Rouge
Marseille qui T'espante'
Marseille Trop Puissante,
Marseille Chutes La Vie

*darka... la rigolade

MARSEILLE

MARSEille qui s'endort

ET SE Rèleve
DE TOUS LES coups
fume le BAMBOU.

MARSEILLE

TROP

PUISSANT  A LA VIE... A LA MORT...

A La vie à La Mort
MArseille résisTe
Marseille pas pareil
MARSeille TROP PuISSANT.

A LA VIE... A LA MORT...

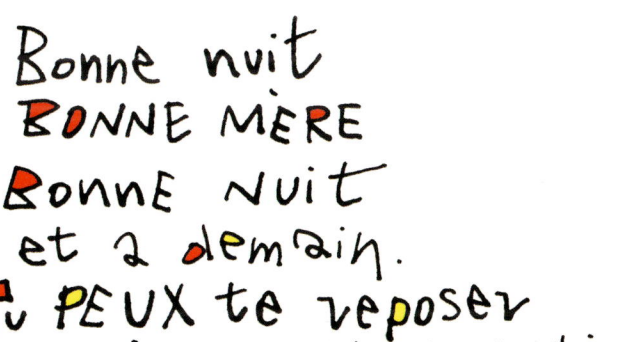

Bonne nuit
BONNE MÈRE
Bonne nuit
et a demain.
Tu PEUX te reposer
tes fils sont de sortie.

Tu peux dormir tranquille
jusqu'au petit MATIN
ou ils viendront te voir
te RACONTER L'amour
se consoler de LUI

LA ROUTE
DES
INDES

...poèmes à venir...

Inde et cision
Inde et marreur
Inde et panneur
Inde et à coudre
Inde et filé
Inde et foncé
Inde et scriptible
Inde et lébile
Inde et fini

Au coeur de la voie lactée
L'étoile du Berger
se laisse admirer

sous les pis d'une vache...

MA VACHE EST DANS L'ESPACE

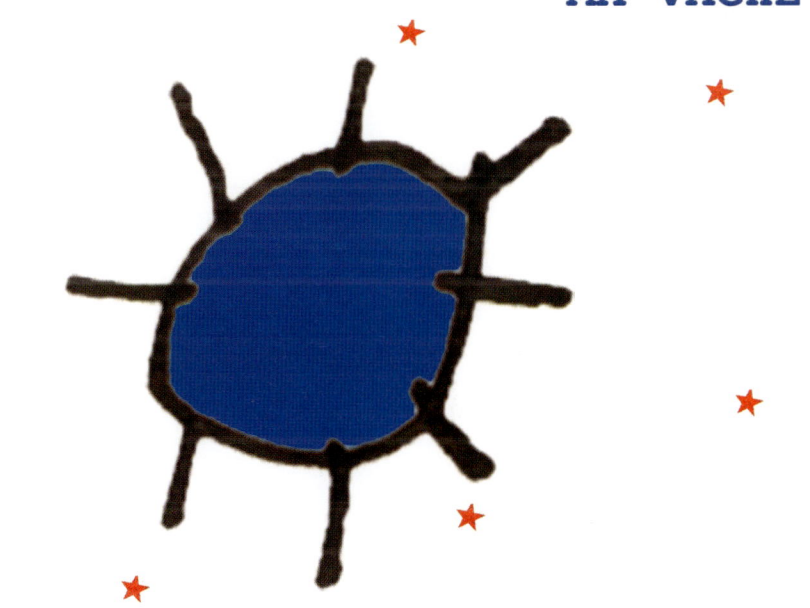

MA VACHE EST FOLLE

JE L'AIME COMME ÇA...

AMOUR

Vache

JE SUIS Né ce matin.
Dans les yeux d'une vache..
J'y ai bu la fin du monde…
Maintenant je n'ai plus soif !
Tu as des fleurs sur la tête…
Petite salamalek.
Je suis mort à minuit…
Dans les yeux d'une truie..
J'y ai lu l'avenir…
Je ne suis plus pressé !
Tu as des fleurs sur la tête…
Gentille alouette
D'une pirouette…
Je bois de ton lait…

A la claire fontaine
m'en allant promener
j'ai trouvé l'eau si belle
que je m'y suis noyé.

C'est l'AMOUR

VACHE

qui sans

relâche

fait que l'on

s'aime

à en crever.

Connaissez vous
une vache
qui boivait
son lait ?

Ma vache se mord la queue
Le loup est dans le pré
Le monde est FOU A LIER

Ma vache est dans l'espace.
Elle ne reviendra pas!
A la claire fontaine,
elle a bu l'eau de feu.
Ma vache est dans le pré.
ohé, ohé, ohé
Ma vache est dans l'espace
J'entends
son rire au loin.

SUR LA ROUTE

DES INDES

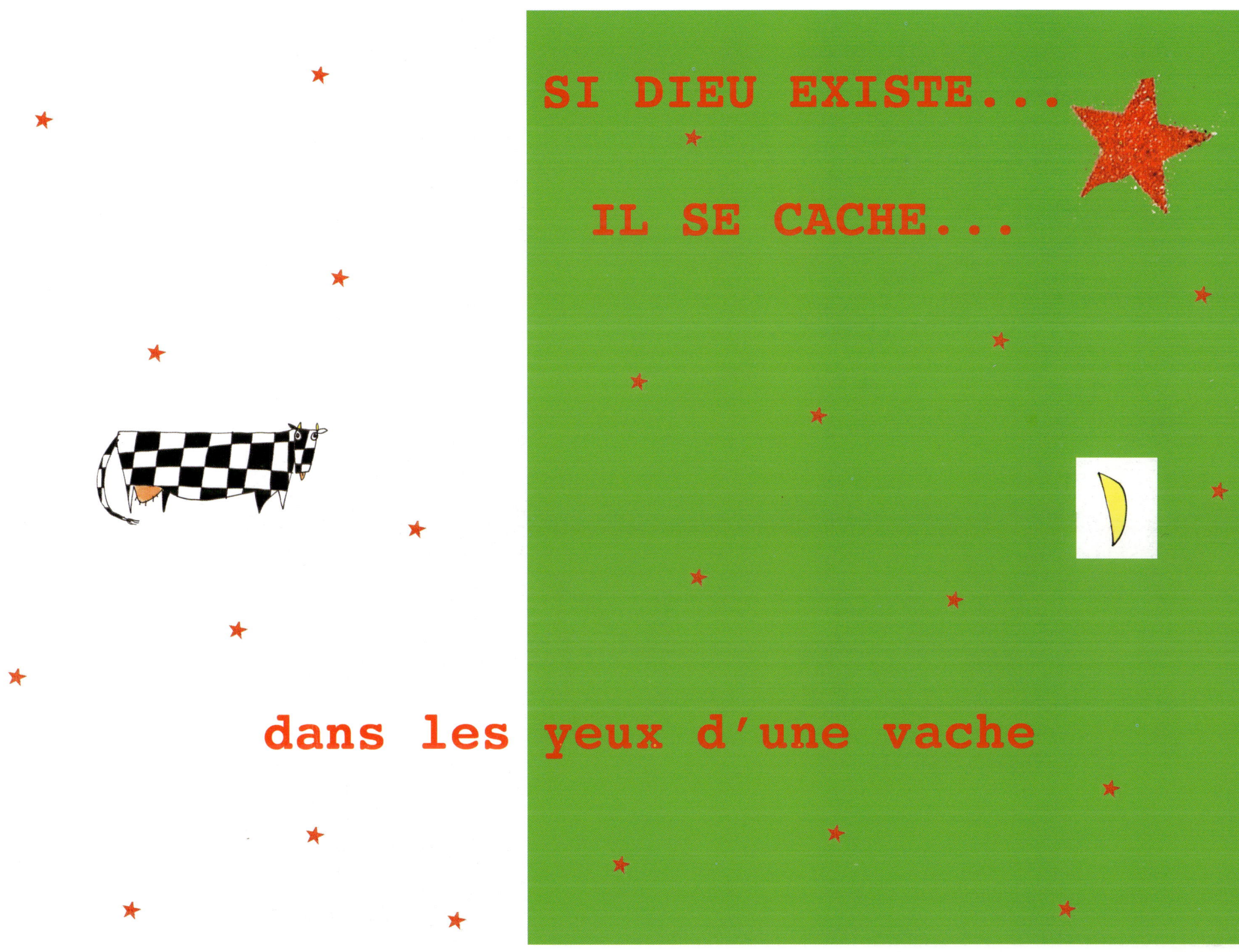

Soyez heureux tous les amis
Soyons heureux au moins cette nuit…
Soyez les rois, soyez les reines
Soyez heureux, soignez vos peines…

réalisé par **WOZNIAK**…et **MANU** …